FABRICATION DES CAPSULES CHASSEPOT

PARTIE CHIMIQUE. — CHARGEMENT.

Par M. E. SAVOYE.

Présenté le 21 juin 1872.

Pendant la guerre 1870-1871, le gouvernement de la défense nationale pour remédier au manque de cartouches qui força si souvent nos généraux à éviter le combat, engagea l'industrie privée à fabriquer des munitions de guerre. Dans le département du Nord, à Lille, Roubaix, Dunkerque s'élevèrent d'importantes cartoucheries ; l'État fournissait la poudre nécessaire et quelquefois les capsules. Bien souvent aussi le fabricant devait chercher lui-même ses capsules en pays étranger, et bientôt la concurrence fit monter leur prix à un taux fabuleux. De plus, malgré ces prix élevés le commerce étranger ne suffisait pas à la con-

[1] Extrait des Mémoires de la Société des Sciences, de l'Agriculture et des Arts, de Lille, année 1872, 3e série, 11e volume.

sommation, les capsules étaient enlevées et consommées sitôt fabriquées ; un jour d'interruption dans les communications et la fabrication des cartouches devait cesser.

Enfin, le 1ᵉʳ janvier 1871, l'érection d'une capsulerie à Lille fut décidée et un honorable fabricant de Roubaix se chargea, coûte que coûte, de doter notre ville de cet élément indispensable de la résistance. Grâce à ses nombreuses relations à l'étranger, quelques jours après une maison belge cédait à prix d'or, à M. L., agissant tant en son nom personnel qu'au nom du département du Nord, avec lequel il avait traité, une partie de son matériel, et nous ouvrait l'entrée de ses ateliers.

Je fus alors chargé par M. L. d'installer et de diriger à Lille, la partie chimique de la capsulerie.

La vue d'une capsule, la connaissance de la méthode de fabrication, l'achat d'une partie de son matériel détraqué, qui arrivé à Lille n'a pu que servir de modèle, a coûté 50,000 francs à M. L., sauf remboursement de la moitié par le département.

L'Ingénieur qui dirigeait alors la filature de M. L., M. Dillon, prit en mains tout ce qui avait rapport à la partie mécanique.

Le 30 janvier, le matériel acheté à Liège était installé dans des barraques en bois élevées sur un terrain entre la rue Colbert et le Boulevard. Cet atelier devait produire, d'après le contrat passé entre M. L., et le Préfet du Nord, 5,000,000 de capsules en cent jours.

Le lundi 30, le travail du chargement produit 26,000 capsules, le mardi 30,000, le mercredi 40,000, le jeudi 54,000, le vendredi 65,000. La production continue à s'élever ainsi et atteignit bientôt 100 et même 110,000 par jour ; le 1ᵉʳ juin la fabrication cessait ; nous avions produit plus de 7,000,000 de capsules.

Pendant ces cent jours d'un travail incessant et précipité, nous n'avons éprouvé qu'un seul accident, dû à l'imprudence de la victime. A quoi faut-il attribuer un semblable succès ? Aux appareils et à la méthode de fabrication employée.

Les ouvrages de technologie chimique renferment peu de renseignements vraiment utilisables et pratiques sur une matière si dangereuse ; beaucoup de théorie, rien sur les manipulations que l'on doit souvent confier à des ouvriers malhabiles. Je vais essayer de combler cette lacune, bien imparfaitement sans doute mais avec toute la sincérité et la minutie possible ; je tâcherai de n'oublier aucun de ces riens, auxquels tient souvent, dans ce dangereux métier, la vie d'un homme. Je décrirai donc le travail tel qu'il s'est effectué à la capsulerie départementale du Nord.

Pendant le cours de cette description, j'indiquerai les perfectionnements que le travail me semble susceptible de recevoir, surtout au point de vue pratique, pour diminner le danger des manipulations.

Quelques-uns des moyens que je propose n'ont point été appliqués par moi; le temps a fait défaut ; il fallait produire vite et beaucoup dans un délai fixé, mais chacune de ces améliorations m'a été suggérée ou par un accident survenu pendant la fabrication ou par la crainte d'en voir surgir d'autres.

Si, à Dieu ne plaise, une circonstance aussi malheureuse que celle où la France était alors se représentait, en quelques jours, notre description en main, tout homme de bonne volonté pourrait recommencer à coup sûr, sans écoles dangereuses, une semblable fabrication.

PRÉPARATION DE LA POUDRE FULMINANTE POUR CAPSULES CHASSEPOT

1° Fulminate de mercure, ses caractères, sa préparation.

La poudre fulminante pour capsules du fusil Chassepot renferme :

Fulminate . . . 400
Sulfure d'antimoine. . . 200
Nitrate de potasse . . . 200

Le fulminate de mercure fut découvert par Howard en 1800. Sa préparation fut indiquée pour la première fois par Thomson dans son système de chimie; et en 1820 M. Vergnaud, colonel d'artillerie, l'appliqua mélangé à du pulverin à la préparation d'amorces fulminantes pour les fusils de chasse.

Ce sel est le produit principal de l'action de l'alcool sur l'azotate acide de mercure.

Sa composition est représentée par la formule

$$(H\,G\,O)^2\;Cy^2\,O^2.$$

Donc 100 grammes de mercure doivent donner 142 p. de fulminate sec, supposant que la réaction s'accomplisse sans pertes.

Le fulminate de mercure, purifié par dissolution dans l'eau chaude, est incolore, en fines aiguilles, douces au toucher, tel qu'il sert pour la fabrication des amorces, c'est-à-dire simplement lavé pour enlever les eaux mères acides qui l'imprègnent, il est gris, brun pâle, plus ou moins pulvérulent, selon la température de la réaction qui lui a donné naissance et les proportions d'alcool et d'acide.

Il est sans action sur les papiers réactifs, il ne doit pas rougir le papier de tournesol; lorsqu'il le fait, c'est qu'il n'est pas assez lavé.

Sa saveur est fortement métallique ; il est inodore. Sec fulminate est un des sels les plus dangereux à manier que l'on connaisse ; il détone par le frottement avec un corps dur, surtout avec une pointe ; on ne doit jamais le sécher, encore moins le conserver sec ; pour l'usage il faut le conserver sous l'eau ou mieux n'en faire qu'au fur et à mesure des besoins.

Un gramme de fulminate donne par l'explosion $155^{c.c}$ de gaz à $0°$ et 766^{cc} ; on conçoit aisément quel prodigieux volume donnerait un kilog. de fulminate et la pression irrésistible qui en résulterait.

Chauffé à $186°$, il détone spontanément; il faudra donc bien se garder, lors du séchage des capsules, comme nous le dirons plus tard, des courants de gaz surchauffés qui pourraient porter accidentellement quelque partie de l'étuve à une températnre élevée : les capsules chargées devenant alors d'un maniement des plus dangereux.

En présence de l'acide sulfurique dilué, le fulminate est décomposé, l'acide chlorhydrique dilué donne avec lui de l'acide oxalique (Howard) du sel ammoniac (Thenard) et de l'acide cyanhydrique.

L'acide nitrique employé doit avoir $36°$ B , c'est-à-dire renfermer $42\ °/_o$ d'acide anhydre; il doit être pur, ne pas renfermer sensiblement d'acide sulfurique ; l'acide chlorhydrique n'est pas nuisible à l'opération ; certains opérateurs recommandent même d'en ajouter une certaine quantité $^r/_{900}$.

L'alcool a de 85 à $90°$, il ne doit point renfermer d'alcool amylique ; cet alcool ne donnant pas de composé explosif analogue au fulminate.

On a indiqué bien des proportions pour faire cette opération.

Ainsi Thomson indique pour 100 parties de mercure en poids 720 d'acide nitrique, 960 d'alcool.

Le directeur de l'école de pyrotechnie de Bourges nous prescrivait d'employer pour 1 de mercure, 10 d'alcool et 10

d'acide. Une fabrique belge à Liège , 9 d'acide nitrique , 9 d'alcool. De prime abord nous avons employé ces proportions puis insensiblement , après quelques essais , nous avons reduit encore ces proportions et nous nous sommes arrêtés à

1 de mercure 8 d'acide et 8 d'alcool.

Au reste voici les résultats des quelques essais qui m'ont déterminé à agir ainsi et chacun, dans la même circonstance, fera bien d'agir de même , essayer de nouvelles proportions ; le titre de chacun des produits variant toujours sensiblement.

Quantité de mercure employée.	Température du nitrate de mercure.	ACIDE NITRIQUE			FULMINATE produit.		MERCURE			Alcool.	Ether.
		Saturé par le mercure	En excès.	Total.	Humide 25 °/₀ d'eau.	Sec.	Transformé en fulminate.	Réduit.	Enlevé par les lavages		
1.000	34°	6430	1.570	8.000	1096	822	579	200	221	8.000	0
id.	45.5	6430	id.	id.	1340	1005	707	122	171	8.000	0
id.	30.7	id.	id.	id.	980	735	517	380	103	id.	1.000
id.	42.0	id.	id.	id.	980	735	517	332	151	id.	1.000
id.	32.0	id.	2.570	9.000	1206	905	637	112	251	8.000	0
id.	45.0	id.	id.	id.	1166	875	609	154	247	id.	ld.
id.	40.0	id.	1.570	8.000	732	547	385	432	183	1.000	0
id.	45.5	id.	in.	id.	1026	770	542	440	0.18	1.000	0
id.	34°	id.	id.	id.	1126	845	595	292	113	8.000	0
id.	45°	id.	id.	id.	1176	882	621	238	141	id.	id.
id.	45°	id.	5.570	12.000	946	710	500	0	500	800	id.

De ces divers essais , il résulte que pour 1 kilog. de mercure le plus fort rendement en fulminate sec est obtenu en employant les quantités d'acide et d'alcool indiquées plus haut ; le nitrate de mercure ayant 45° 5. Si la température est plus basse dans les mêmes conditions le rendement diminue.

L'emploi d'une certaine quantité d'éther recueilli par la condensation des vapeurs de la réaction, ne produit aucun bon résultat, le rendement diminue encore, et la quantité de mercure réduit augmente.

Un plus grand excès d'acide nitrique que celui employé, entraîne dans les eaux de lavage une grande quantité de mercure $^1/_4$ du mercure employé.

L'augmentation de la quantité d'alcool détermine une réductionde mercure très-considérable qui s'élève presque à la moitié du mercure total. La réaction est beaucoup plus active, il y a moins de mercure entraîné par les eaux de lavage, il est vrai, mais cet excès de réaction n'est que nuisible et ne s'accomplit qu'au détriment du rendement en fulminate.

Voici la description exacte du procédé employé à la capsulerie départementale du Nord.

On verse dans un matras en verre mince de 5 à 6 litres de capacité, 4 kilog. d'acide nitrique, puis on ajoute $^1/_2$ kilog. de mercure. Le ballon est placé sur un bain de sable chauffé à la vapeur et porté à 45° 5. Au bout de une heure la dissolution est parfaite est le mercure a disparu entièrement. Il faut se hâter d'employer cette dissolution avant la disparition des vapeurs rouges qui remplissent le ballon.

D'autre part, dans une cornue ou un ballon en verre de 50 lit. de capacité, on a versé pendant la dissolution précédente 4 litres d'alcool à 85° et à la température de l'air ambiant. Ce ballon est en communication avec un tube de Liebig, relié à une batterie formée de 5 à 6 touries à 3 tubulures.

La dissolution de nitrate de mercure obtenu, on la verse au moyen d'un entonnoir dans l'alcool, on réunit le ballon au condenseur et on lute avec soin toutes les ouvertures avec de la farine de graine de lin ; il faut bien se garder de verser l'alcool dans le nitrate, car alors il y a une effervescence qui projette le liquide à plusieurs mètres de hauteur, et l'opérateur en perdant sa matière s'expose à de graves brûlures. En général 5 à 10 minutes après le mélange des 2 liquides, on aperçoit de nombreuses bulles se dégager du fond du ballon ; insensiblement la température s'élève, le liquide dégage des vapeurs blanchâtres, très-épaisses et lourdes qui forment comme un nuage au-dessus du liquide ; et 30 minutes environ après la mise en marche, le liquide est en pleine ébullition ; à cet instant la température atteint plus de 80°.

Il passe à la dissolution divers éthers dérivés de l'alcool, éthers acétique et azoteux. On reconnaît l'aldehyde à sa vive odeur, il se dégage de l'acide carbonique du bioxyde d'azote et quelquefois de l'acide hypoazoique, lorsque la réaction est trop rapide et trop violente.

On laisse la réaction s'accomplir lentement et l'appareil se refroidir.

Nous faisions ainsi journellement 10 opérations ; 5 au matin ; 5 au soir ; la quantité de fulminate obtenu suffisait largement à la charge de 120,000 capsules.

Nous avons dit qu'il distille des éthers et qu'il se dégage des gaz en abondance ; ces gaz sont d'une odeur incommode et suffocante, ils doivent être condensés avec soin ; distillés avec de la chaux, les liquides régénèrent de l'alcool, mais cette opération théoriquement bonne, ne produit aucun bénéfice industriellement d'après les renseignements que m'a fournis le propriétaire de la capsulerie belge. Le tube de Liebig, joint à la cornue, doit être incliné vers celle-ci de sorte que les corps condensés y retournent. Lorsque le ballon ou s'est faite la réaction est complétement refroidi, on démonte l'appareil, on décante les eaux mères dans uue grande tourie réservoir, puis on verse de l'eau dans le ballon, on l'agite et par un mouvement de rotation rapide, on met le fulminate en suspension dans l'eau et d'un seul coup brusquement mettant le ballon en mouvement, le col en bas, le fond en haut, on vide son contenu dans une capsule en grès vernissé, on lave avec soin le ballon pour ne laisser à l'extérieur aucune trace de fulmiuate qui puisse devenir sec.

Cette opération de la fabrication du fulminate brut en suivant exactement à la lettre les indications ci-dessus n'offre aucun danger ; un ouvrier peut être facilement dressé à ce travail.

2° *Lavage du fulminate.*

Le fulminate versé dans les terrines est lavé par décantation jusqu'à ce que les eaux de lavage ne rougissent plus le papier de tournesol.

(Les eaux de lavage sont précipitées par de l'acide chlorhydrique, puis décantées et jetées, le protochlorure de mercure obtenu est lavé, séché et vendu, tel que). A l'état neutre, le fulminate se trouve melangé d'une certaine quantité de mereure qui a été réduit à l'état métallique. Il s'agit de le séparer du fulminate. Si on l'y laissait la poudre serait beaucoup moins explosive et de plus ce mercure peut être utilisé par une nouvelle opération. On prend dans une cuiller en corne une petite quantité de fulminate (la moitié de la cuiller), puis la plongeant dans un bassin plein d'eau, on lui imprime un mouvement d'oseillation ; par là le fulminate plus léger s'échappe hors de la cuiller et se dépose au fond du bassin ; dans la cuiller reste sous forme d'une poudre grise et de globules, le mercure.

Ce procédé de lavage est très-long et imparfait ; l'attention de l'ouvrier se fatigue à la fin et il lave plus ou moins bien. C'est le seul cependant que nous ayons employé ; le temps n'était pas de perfectionner, mais de produire vite et beaucoup. On arriverait à un meilleur résultat en se servant de l'appareil suivant, plus automatique, imité du classement que produit le mouvement d'une source dans les cailloux qui la bordent. B est un vase conique en verre de quelques litres , on y verse le fulminate A aussi en verre , et en communication avec un réservoir d'eau. C'est le trop plein par où doit s'écouler l'eau avec le fulminate en suspension. En M est un ajutage fermé par un tube de caoutchouc, c'est là que se réunit le mercure.

L'eau amenée par A traversant avec rapidité de bas en haut le fulminate contenu en B , l'entraînerait et le séparerait du mercure qui s'accumulerait en M, d'ou il faudrait l'extraire de temps en temps en ouvrant le caoutchouc.

Le fulminate bien débarrassé de mercure , est mis dans un vase et tassé fortement pour en enlever l'eau d'imbibition ; à cet état il renferme 25 $^o/_o$ d'eau.

Une opération bien réussie produit au minimum 625 ^{gr} de fulminate humide soit 500$^{gr.}$ sec.

Cette opération du lavage n'offre encore aucun danger, aussi s'opère-t-elle dans une place adjacente à celle qui contient les appareils producteurs, c'est le même ouvrier qui fait le fulminate, le lave, et l'amène à l'état où il est prêt à être transformé en poudre fulminante.

Le salpêtre pur et sec est pilé et tamisé au tamis de soie en poudre impalpable. Le sulfure d'antimoine subit la même opération. Les deux poudres ainsi obtenues sont mélangées intimement poids pour poids.

On se sert pour opérer cette pulvérisation de deux tonneaux en fonte avec gobilles de bronze et le tamisage s'exécute dans un local sec et chaud. Le même ouvrier exécute le tamisage et le mélange des deux poudres.

Il reste maintenant à mélanger les 400 ^{gr} fulminate avec le sulfure d'antimoine et le nitrate de potasse ; ici commencent les opérations dangereuses et insalubres.

Mélange des composants de la poudre fulminante.

Sur une toile gommée de 60 ᶜ de long sur 60ᶜ de large on pèse 400 ᵍʳ fulminate humide, et à part sur un papier 400 ᵍʳ· du mélange du sulfure d'atimoine et de salpêtre, puis les deux matières sont portés à l'atelier spécialement destiné à la fabrication de la poudre fulminante. Là sur une table se trouve une bassine en cuivre rouge de 15 ᶜ· de haut sur 70 ᶜ· de long et 60 de large ; cette bassine peut être remplie d'eau bouillante au moyen de robinets et de tubes communiquants avec l'extérieur de l'atelier.

L'ouvrier, chaussé de chaussons en laine et vêtu de vêtements aussi en laine étend sur la bassine froide la toile gommée contenant le fulminate, il y ajoute le mélange des deux poudres, puis ouvrant les robinets il remplit sa bassine d'eau chaude : pendant que la bassine se remplit il verse sur le mélange qui est sur sa toile 50 à 60 ᶜᶜ d'eau et il mélange intimement au moyen d'une spatule en corne les trois corps ; sous l'influence de la chaleur, le mélange acquiert beaucoup de fluidité ; il malaxe la matière, puis l'étale parfaitement mélangée en couche mince sur toute l'étendue de sa toile, il la laisse ainsi se dessécher un peu ; lorsqu'elle a perdu beaucoup de son humidité il la remue de nouveau et enfin l'amène peu à peu à l'état d'une poudre qui conserve la forme qu'on lui donne sans que pour cela, elle soit trop humide, la poudre à ce moment doit tacher les doigts en noir, la poudre est bonne pour le grenage. Pendant ce mélange il se dégage une vapeur piquante ; (on remédie en partie à cet inconvénient par des lavages avec une eau contenant de l'eau de laurier-cerise) (note communiquée par le directeur de la capsulerie belge), qui incommode les ouvriers et attaque surtout leurs paupières. Il faut veiller, dans l'intérêt de la santé des ouvriers, à la plus grande propreté, lavages souvent répétés des mains et de la figure. Pendant les moments de repos, les outils sont placés dans une capsule en gutta-percha remplie d'eau, a portée de l'ouvrier.

La poudre ainsi sèche est placée sur un tamis en parchemin percé de trous 1/^{m}·/$_{m}$. et tamisé au-dessus d'une feuille de papier ; on aide de la main les morceaux qui ne veulent pas passer, on les brise entre les doigts , mais il faut être très-prudent et ne rien brusquer. Les morceaux qui refusent de passer au grenoir sont ajoutés au commencement d'une opération suivante.

Le papier contenant les grains est placé sur une étuve chaude et abandonné à la dessication spontanée qu'il ne faut pas pousser trop loin.

Lorsque la poudre est sèche , elle est versée dans un tamis et retamisée. On la met alors dans des flacons en verre revêtu de feutre , puis on les porte à la poudrière. Pendant ce dernier tamisage il faut bien se garder de toucher aux grains qui refuseraient de passer , on les réserve pour un autre mélange.

Cette manière d'opérer le mélange puis le grenage de la poudre se pratiquait telle que je viens de la décrire dans la capsulerie belge qui a servi de modèle à celle de Lille. Ce procédé a été suivi à Lille pendant toute la fabrication presque sans changement et cependant il présente divers inconvénients très-graves. L'ouvrier est debout devant la bassine où il opère le mélange ; si par malheur il froissait un peu brusquement un grain de poudre qu'il aurait laissé trop sécher , une explosion peut s'en suivre et le tuer : lorsqu'il tamise pour la seconde fois la poudre grenée et sèche, la moindre négligence peut lui devenir fatale , de même en versant la poudre dans les bouteilles le papier froissé peut faire sauter la poudre.

Déjà à Lille ce danger du tamissage avait été diminué en le faisant opérer sur un tamis suspéndu par trois fils de zinc derrière un bouclier concave en forte tôle de fer derrière lequel l'ouvrier surveillait l'opération par des trous percés dans la paroi. Le tamis était animé d'un mouvement de va et vient par une tringle en zinc qui y étaitt atachée. La poudre tamisée tombait sur du papier.

Il faudrait de même préserver les bassines par des boucliers munis d'oculaires en verre ; l'ouvrier n'aurait ainsi que les mains d'exposées, la figure et les yeux seraient au moins protégés contre toute brûlure. De même le remplissage des bouteilles devrait se faire automatiquement.

Les bouteilles remplies de poudre sont portées dans une petite place isolée qui sert de poudrière, et où va s'approvisionner l'ouvrier chargeur.

Pour le transport des bouteilles on se sert d'une boîte ronde en cuir pour éviter les chocs des corps durs et le bris des bouteilles.

CHARGEMENT DES CAPSULES.

Instruments. — 1° Mains.

C'est un petit appareil formé de trois pièces mobiles. La partie A, est une plaque en acier de un centimètre d'épaisseur, largeur, longueur, portant à son extrémité une charnière K et en A une poignée.

Sur la charnière K s'adapte une autre pièce B aussi en acier de même grandeur, mais dont l'épaisseur égale la hauteur des capsules. Cette plaque est percée de plusieurs rangées de trous, (6 dans la largeur, 19 dans la longueur). Chacun de ces trous doit recevoir une capsule. Lorsque B est rabattu sur A, le fond de la capsule doit s'appliquer sur A et le col de la capsule affleurer la partie supérieure de B. C'est une autre plaque aussi percée de trous correspondants à ceux de B ; cette plaque recouvrant les collets des capsules, a pour but, une fois les **3** plaques mises en contact (B étant chargé de capsules), d'empêcher les capsules de bouger.

L'ouvrière empoigne ce petit appareil de la main gauche, la poignée B serrée dans la main et la planche B relevée par l'indicateur ; la partie C pendante en avant comme dans la figure.

De la main droite elle saisit une poignée de capsules et les place sur la plaque B , puis par un mouvement d'oscillation elle étale cette poignée de capsules sur la plaque ; en un instant presque tous les trous sont garnis de leurs alveoles ; il suffit d'ajouter quelques capsules à la main pour remplir tous les trous de la plaque. Les trous bien garnis , l'ouvrière rabat les 3 plaques l'une sur l'autre et la main est prête pour le chargement.

Deux ouvrières exercées peuvent en une journée de 10 heures mettre en place 100,000 capsules.

Cette opération se fait sur une table en bois à rebords.

2ⁿ Appareil à charger.

Cet appaseil se compose de plusieurs pièces :

    1° La tremie ,

    2° L'appareil proprement dit ,

    3° Le bouclier.

La partie principale est la tremie petite boîte conique en bois de cinq centimètres de profondeur.

Le fond de cette boîte est formée par 3 plaques de cuivre, percées de trous comme les mains. Les 2 plaques extrêmes A et C , sont fixes , la plaque B seule est mobile , de plus son épaisseur est précisement égale à celle d'une capsule , les 3 plaques ne concordent que deux à deux , c'est-à-dire que dans la position (¹) les trous de A et de B sont superposés , dans la position (²) B et C concordent. Il s'ensuit que si l'on emplit M de poudre, A et B concordants ; puis que l'on fait avancer ensuite B, les trous de B emporteront dans leur mouvement une quantité de poudre égale à la capacité des capsules et les trous de B, une fois au-dessus de ceux de C , la poudre emportée tombera. Si maintenant, on place la main décrite plus haut, chargée de capsules sur la tremie, tous les trous bien superposés, en faisant manœuvrer **B**, on emplira chaque capsule d'une quantité égale de poudre.

Cette tremie **T** est placée sur une bascule b, qui permet de l'abaisser au contact de la main placée au-dessus, et de la relever au moyen du contrepoids z.

La manœuvre du chargement se comprendra ais ment à l'inspection de la figure.

N, vis à tête polygonale qui sert à régler la plaque **B**. On ne doit jamais apercevoir la lumière lorsqu'on place l'appareil entre les yeux et le soleil. **N** a pour but d'avancer ou de reculer **B** pour arriver à ce résultat.

L'ouvrier passe une main en **M**, (L'appareil est réglé par des vis de rappel, pour que les trous de la tremie et de la main concordent;) il met le pied sur la pédale p, la tremie s'abaisse au contact de la main. Il fait jouer le tiroir au moyen d'un levier coudé ; il laisse remonter la pédale et par suite la trémie, puis il enlève la main chargée.

Tout cet appareil est protégé par un bouclier en fer **B**. L'ouvrier est derrière et surveille l'opération par des trous percés dans la paroi.

La trémie doit être nettoyée trois fois par jour. Si un trou vient à se boucher, on continue quand même le chargement jusqu'à ce qu'il n'y ait plus de poudre dans la trémie ; on passe alors derrière le bouclier, on démonte la trémie et on essuie chaque pièce avec une brosse douce au-dessus d'un papier. Comme par suite du mouvement de bascule de la trémie, la poudre s'accumule vers **S**, on étale au moyen d'un petit rateau en bois et carton, la poudre par un orifice percé dans le bouclier. Jamais il ne faut chercher à déboucher un trou avec quoi que ce soit ; lorsque l'on remplit la trémie de poudre pendant le travail il faut avoir soin de boucher en **M** l'entrée et de démonter la pédale et mettre le levier hors d'état de jouer par une clavette, pour qu'une négligence ne vienne pas déterminer une exploison.

La main chargée est retirée du bouclier, l'ouvrier chargeur soulève la plaque supérieure de la main et examine si toutes les capsules sont bien pleines, il enlève de suite celles qui ne le sont pas, abaisse la plaque et la passe au presseur.

Il s'agit maintenant de comprimer au fond des capsules la poudre qui remplit les alvéoles ; on emploie dans ce but un instrument appelé peigne.

C'est une plaque d'acier armée d'un nombre de broches égal aux capsules de la main. Le presseur entre les dents du peigne délicatement, sans frottement, dans les trous de la main puis place le tout sous la presse.

La capsulerie ne devant fonctionner que momentanément ne possédait que deux presses à balancier mues à bras d'homme ; trois ou qu.. re coups de presse suffisent. La surface de la poudre au fond des capsules doit être lisse et brillante. Au reste il faut essayer les capsules très-souvent pour s'assurer que la pression n'a pas été trop forte, ce qui pourrait retarder l'inflammation. Pour un travail continue on emploie des presses hydrauliques qui produiront plus. Les capsules pressées, le presseur enlève le peigne ; une ouvrière verse les capsules sur une boîte en bois recouverte d'une toile métallique en cuivre ; le fond de cette boîte est une cuvette en gutta percha remplie d'eau. La poudre qui n'a pas été fixée tombe dans l'eau et est noyée. Lorsqu'il y a sur la toile 1,000 à 1,500 capsules on les place sur un cadre en bois doublé de toile et de papier et on les porte dans une étuve chauffée à la vapeur où s'achève la dessiccation puis on les pèse et on les met dans des sacs avec du son.

Toutes les tables où se font des opérations qui emploient la poudre doivent être recouvertes de caoutchouc et fréquemment mouillées, on diminue ainsi de beaucoup les chances d'explosion. Si quelques capsules tenaient trop dans les trous de la main il faut les enlever avec un morceau de bois, ne jamais employer ni le fer ni le cuivre.

Dans toutes les barraques, il faut pouvoir disposer d'eau en abondance pour arroser fréquemment. Les lanternaux sont munis de rideaux épais. L'été il sera bon de ne point travailler à faire la poudre pendant la grande chaleur, réserver les opérations pour le matin et le soir. Les talus seront plantés de sapins pour entretenir la fraîcheur dans les barraques. Le chauffage l'hiver, il va sans dire, se fait à la vapeur.

Suivant le procédé décrit ci-dessus on peut établir, ainsi qu'il suit, le prix de revient des capsules Chassepot :

1° Main-d'œuvre pour une production de 600,000 capsules en six jours de travail.

Fabrication des alvéoles.	Découpage des bandes de cuivre et recuit.	60 00
	— des étoiles à 0.02 le mille. . .	12 00
	Emboutissage des capsules à 0.08 le mille.	48 00
	Entretien des machines et surveillance . .	48 00
	Triage des capsules et étoiles	18 00
Charge des alvéoles.	4 femmes employées à la charge des alvéoles	40 60
	1 ouvrier presseur.	21 00
	1 — poudrier	21 00
	1 — — faisant le fulminate . .	21 00
	1 — — surveillant. . . . ,	21 00
	1 portier pilant sulfure d'antimoine et nitrate de potasse	24 50
	1 gamin à 1 fr. 50. . . . . . . , .	9 50
		344 10
	Direction.	70 00
	Frais pour 600,000 capsules. . .	414 10
	Pour 100,000 — . .	69 01

2° *Matières employées pour 100,000 capsules.*

Cuivre , 45 kilog. à 2 fr. 25. . . . 101 25

A déduire 22 k. 50 de déchets à 1 f.50 33 75

Reste. . . 67 50

67 50

Poudre fulmante, 8 k. à 14 fr. 95. . . . . . 124 80

Main-d'œuvre. 69 01

261 31

Faux frais , amortissement. . . . . . .

Force motrice. . . . .

Prix de la poudre fulminante :

Mercure , 5 k. à 8 fr. 40 00

Acide nitrique, 40 k. à 60 c. 24 00

Alcool , 40 k. à 2 fr.. . . . . 80 00

Sulfure d'antimoine, 2 k. 500 . . . . . 2 90

Salpêtre , 2 k. 500 . . . . . 2 90

Produit obtenu : 10 kilog. . . . 149 50

La maison belge qui nous a cédé ses appareils accusait un prix de revient de 2 fr. 30 à 2 fr. 60 sans l'amortissement et la force motrice.

EXPLICATION DES PLANCHES.

Planche I.

Place où se fait le fulminate..

B Ballon de 50-60 litres, avec son tube de Liebig à courant d'eau froide.

E Touries pour la condensation.

E Étuve chauffée à la vapeur.

Les fenêtres et les portes s'ouvrent toutes de l'intérieur à 'extérieur. La toiture est faite très-légèrement pour empêcher toute resistance.

N° .1   Coupe suivant M N.

N° 2.   Plan.

En L est la place où on lave le fulmunate ; cette place est munie de tables. Même genre de construction.

Planche II.

Mélange des composants de la poudre fulminante.

B Bouclier.

E Étuve en cuivre à eau chaude avec ses tuyaux d'entrée et de sortie.

L Lanterneau tout en verre et fer léger.

P Promenoir couvert en bois et zinc où l'ouvrier peut rester quand ses oceupations ne l'appellent pas près de la poudre.

p Endroit réservé pour la poudre fabriquée.

Coupe N° 1. Tamis suspendu par des fils de zinc.

La poudre tombe en 1 et de là dans la bouteille F.

Plan Nᵒ 2.   1ᵒ Réserve de poudre.

2ᵒ Table à tamis suspendu.

3ᵒ Table à grener.

4ᵒ, 5ᵒ, 6ᵒ Tables à étuves à mélanger.

Le tout est entouré de hauts remparts en terre qui mettent le voisinage à l'abri de toute projection en cas d'accidents.

PLANCHE III.

Place à charger.

En F   Le bouclier protégeant la tremie.

P   Presse hydraulique.

T   Tamis pour les capsules chargées.

E   Étuve.

L   Tables pour les alvéoles ; remplissage des mains.

Construction légère ; portes et fenêtres nombreuses ouvrant au-dehors.

En Z   Lanterneau en verre.

Le tout entouré de remparts en terre pour la même raison que la place à faire la poudre.

PLANCHE IV.

Main en acier décrite page   .

PLANCHE V.

Tremie de chargement.

Les plaques A B C sont en cuivre.

O   En bois dur.

PLANCHE VI.

Appareil à charger.

La barre de zinc à crochet k est destinée à recevoir le rateau k à l'état de repos.

[Lille-Imp. L Danel]

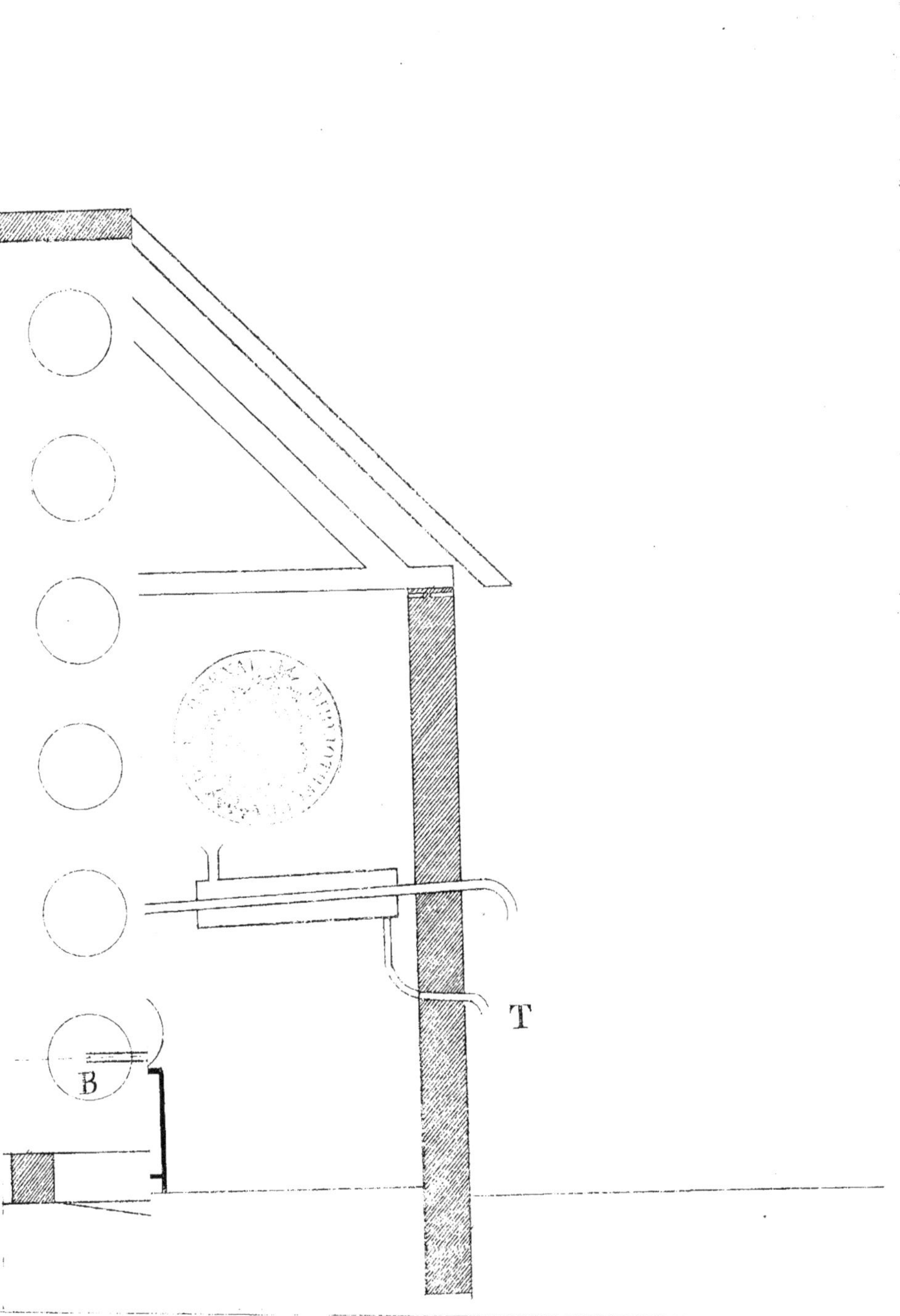

T
B

Planche I

Éch. 1/p. mètre

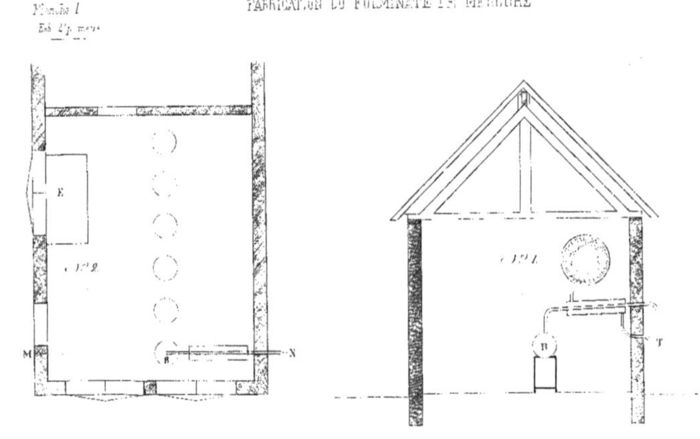

Planche 11.

e 0,02 pour mètre.

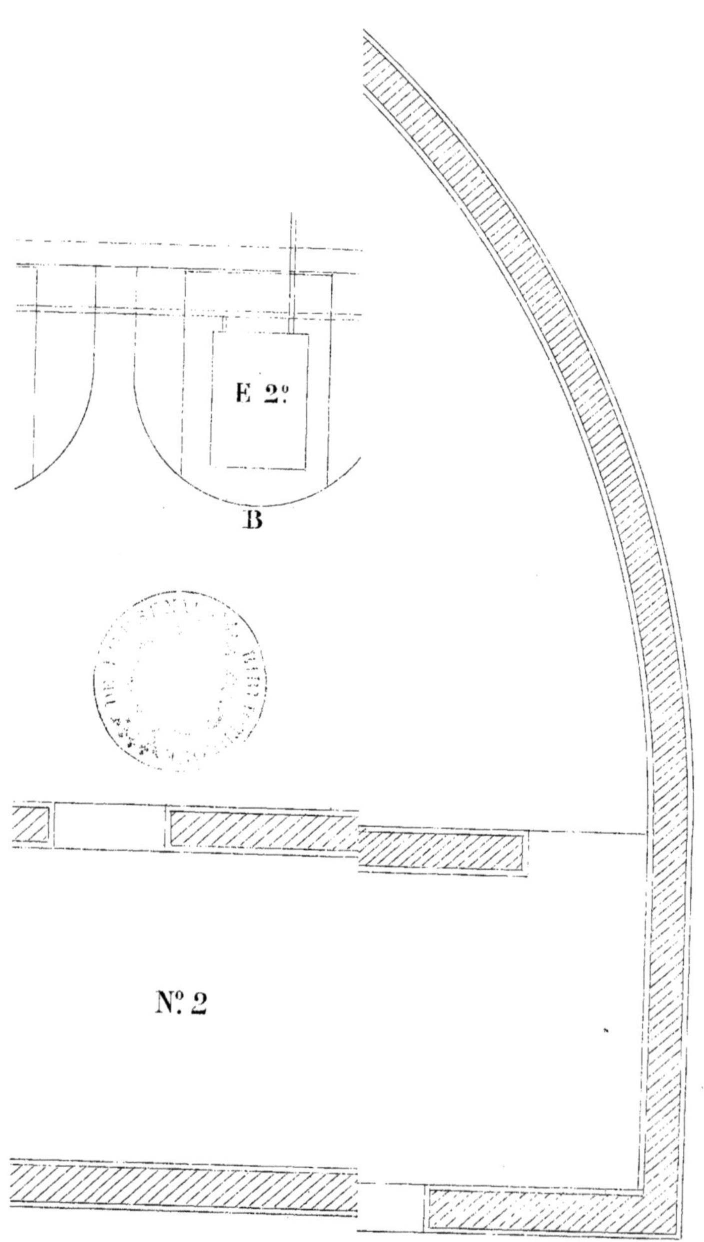

4°
5°
E 2°
B
P 1°
B
N° 2
P

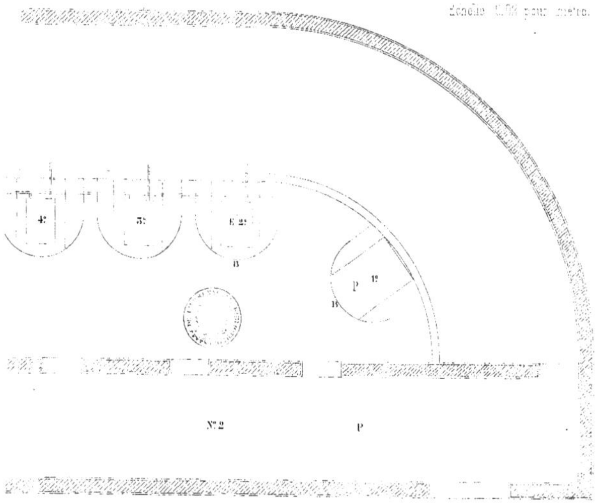

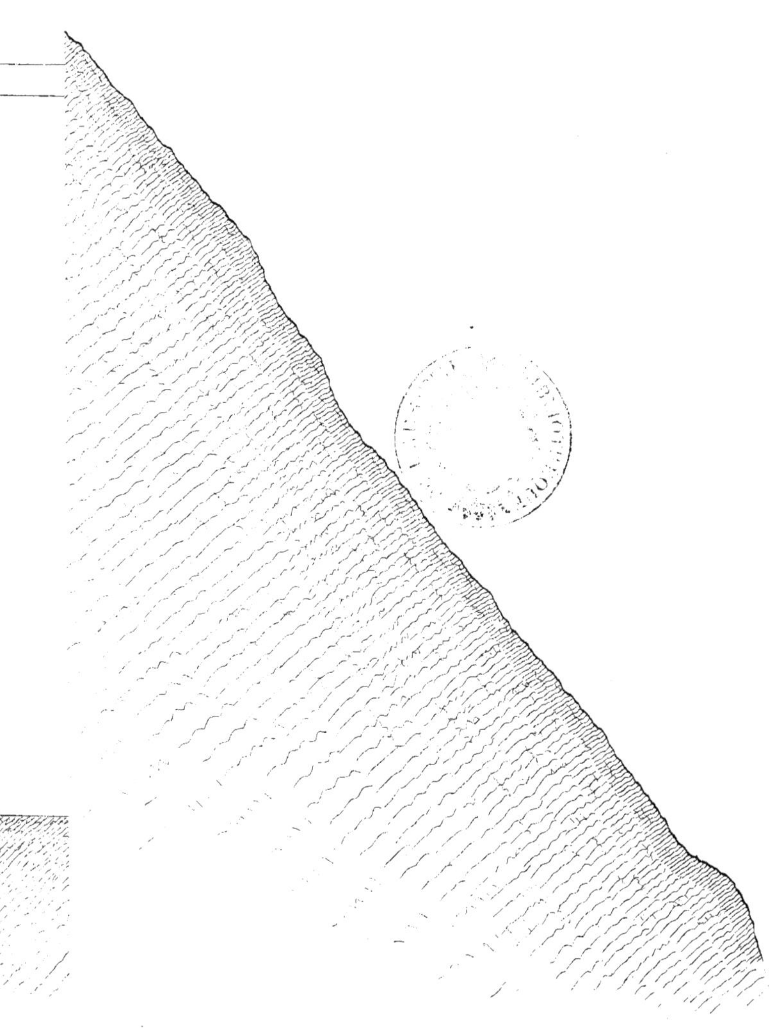

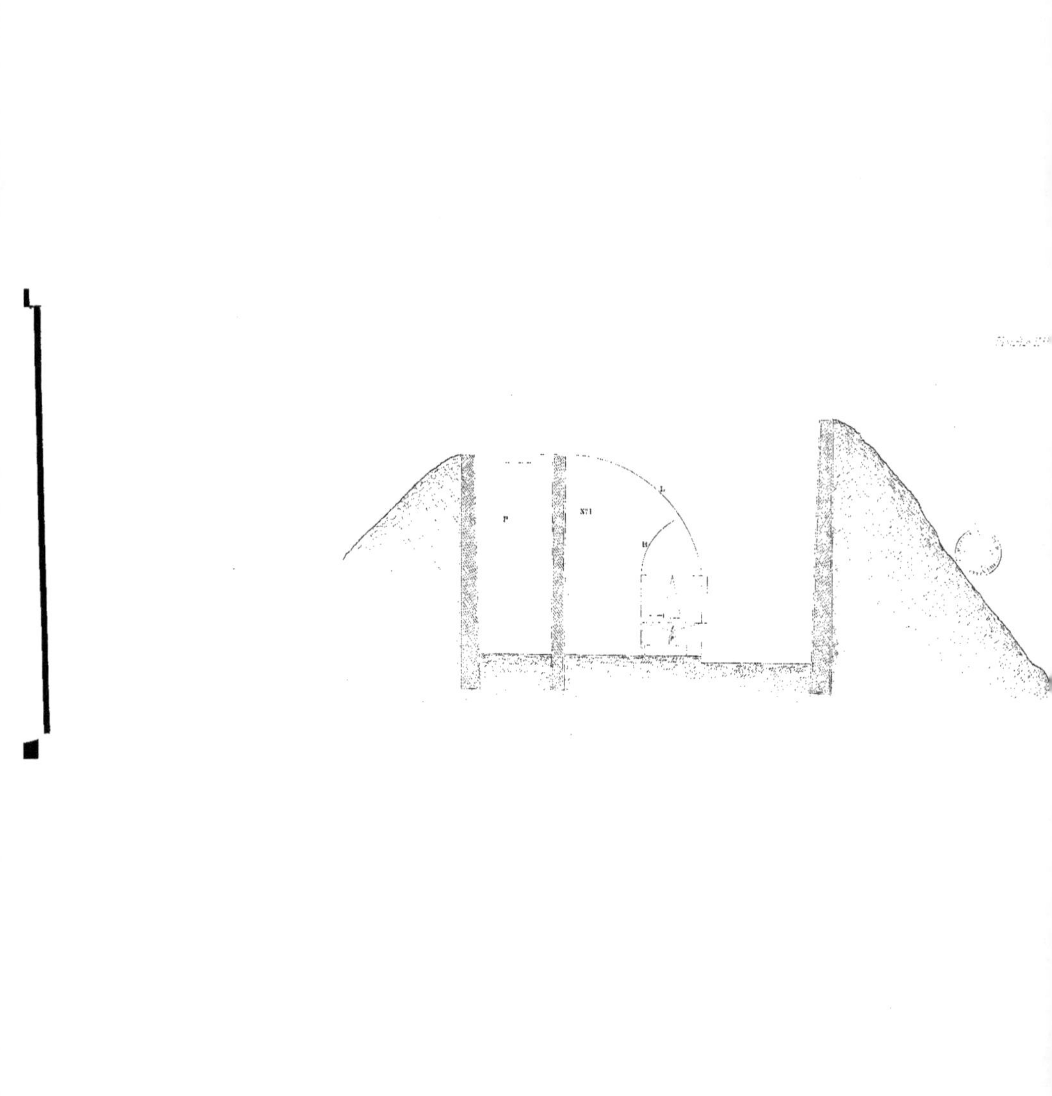

P
N°1
L
B

MAIN A

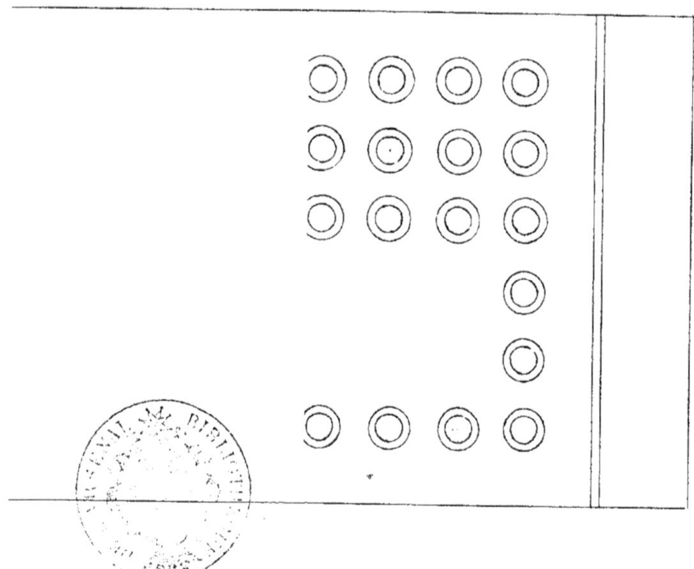

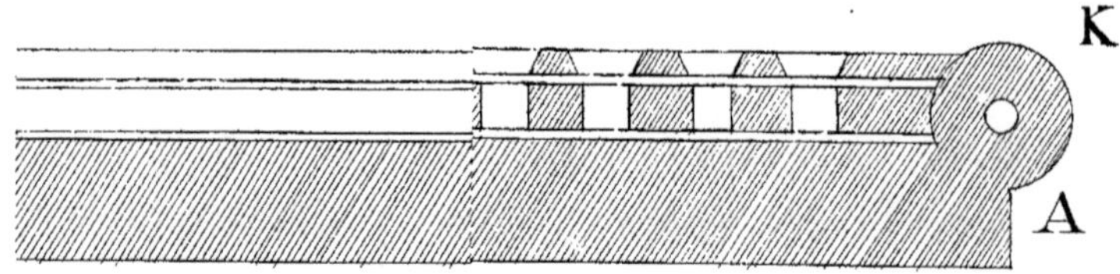

MAIN A CHARGER.

Planche V.
Grandeur nat.
TRÉMIE DE CHARGEMENT

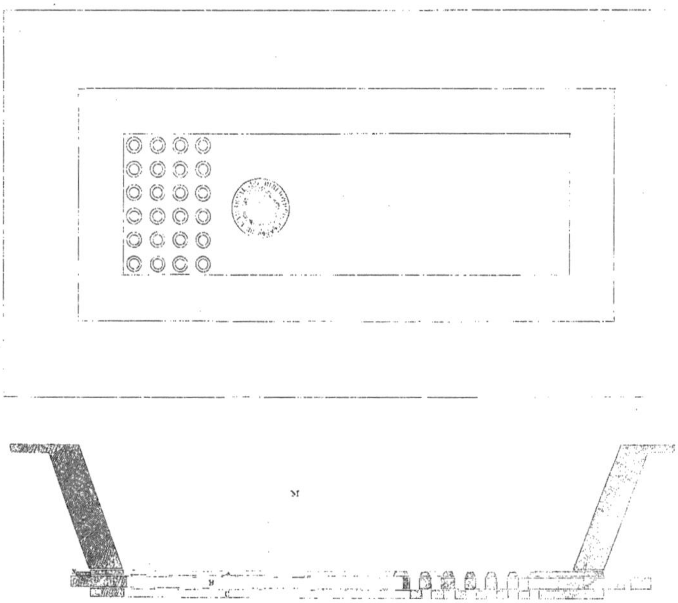

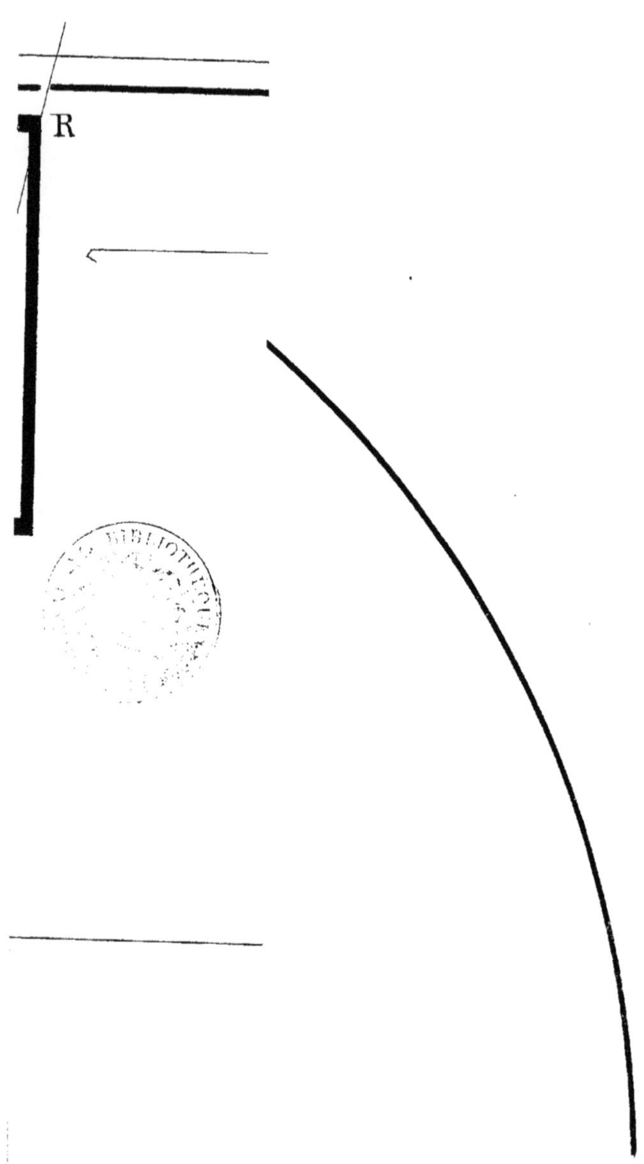
R

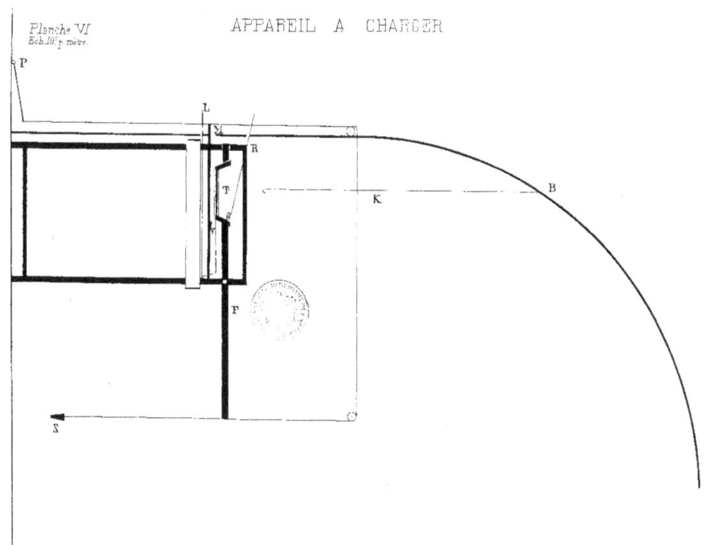
Planche VI
Ech.10° p. mètre.
P
L
R
T
K
B
F
Z
O